Wolfgang Küpper (Hrsg.)

Aus Hoffnung wird Zuversicht

Wolfgang Küpper (Hrsg.)

Aus Hoffnung wird Zuversicht

Gedanken zum Tag

Fotografie: Rolf Blesch, Wolfgang Ehn, Klaus G. Förg,
Andreas Gassner, Joachim Heller, Thomas Jungmann,
Gerhard Meier, Bernd Römmelt, Roland Schick und Ernst Wrba

rosenheimer

Inhalt

Worauf wir hoffen

Jeder Mensch lebt im Vertrauen auf eine alles bestimmende, letzte Wirklichkeit, im Vertrauen auf einen tragenden Sinngrund, auf ein Leben, das kommt, das Zukunft hat, das nicht mehr stirbt. Das Zeichen dieses Vertrauens ist die Hoffnung, die wie die Frage unzerstörbar zum Menschen gehört. Gewiss, das, worauf wir hoffen, kann viele Namen haben, vielleicht ist es auch namenlos. Der Christ ist dadurch zu beschreiben, dass er bereit sein soll, auf die Frage nach dem Grund seiner Hoffnung Antwort zu geben. Sie lautet: Der Grund, dass wir an das Leben, an den Sinn, an das Ja glauben, liegt darin, dass wir an Gott glauben, der als der Schöpfer des Lebens das Leben ist. Das Johannesevangelium sagt es im

Blick auf Jesus, der das Wort genannt wird, das im Anfang bei Gott war, das Gott war. Jesus ist das Leben als Grund der Schöpfung, und er ist es als Licht der Menschen, der die Wirklichkeit Gottes, der Welt und des Menschen erschließt, und dies in einem unlösbaren Zusammenhang.
Das Wort von Jesus, der das Leben ist, bekommt angesichts des Todes eine neue Dimension durch die Selbstaussage: »Ich bin die Auferstehung und das Leben«. Jesus ist die Auferstehung, weil er der vom Tod Auferweckte, der von den Toten Auferstandene ist, um ein ganz neues, unvergängliches, ewiges, ein Leben in Gott zu begründen. Wenn man erklärt, eine solche Form von Auferstehung sei nicht möglich, denn dazu gebe es keine Parallele, dann kann man nur erwidern: Das ist so. Jesu Auferweckung von den Toten, Jesu Auferstehung hat keine Parallele in der Geschichte; sie ist, wenn überhaupt, nur mit der Schöpfung zu vergleichen. Jesu Auferstehung und Leben machen deutlich, dass der Tod, das Ende unseres Lebens, für Gott und für Jesus keine Grenze ist, dass das Wort: »Ich bin die Auferstehung und das Leben« zwar nicht die Abschaffung, aber die Überwindung des Todes bedeutet. Jesu Auferstehung eröffnet und bewirkt ein Leben in Gott, das nicht mehr stirbt.

Eine Frage des Glaubens

Als ich zur Schule ging, lernte ich den lateinischen Satz: »Mens sana in corpore sano«, also dass ein gesunder Geist in einem gesunden Körper ist. Das ist höchstens die Hälfte der Wahrheit, denn es kommt oft vor, dass ein nicht gesunder Geist in einem gesunden Körper ist, und ebenso, dass ein gesunder Geist in einem kranken Körper ist. Es wäre meiner Überzeugung nach viel korrekter zu sagen: »Mens sana in societate sana«, dass also, abgesehen von Ausnahmen, ein gesunder Geist nur in gesunder Gesellschaft sein kann und dass deshalb beim Menschen das Problem der individuellen seelischen Gesundheit einfach nicht von der seelischen Gesundheit der Gesellschaft zu trennen ist.

Wenn ich wetten sollte, dann würde ich keine fünf Euro wetten, dass die Menschheit überhaupt überlebt. Nur, Gott sei Dank, sind diese Dinge keine Frage des Wettens, sondern des Glaubens und der Hoffnung. Solange es Leben gibt, solange glaube ich und habe ich die Hoffnung, dass das Potential, das im Menschen angelegt ist, wieder zum Durchbruch kommen wird, sich wieder äußern wird. Aber das ist zum großen Teil eine Frage des Glaubens. Es kommt darauf an, wieviel jeder von dieser Hoffnung spürt und miterlebt, wieviel Hoffnung er hat und anderen auch in gewisser Weise mitteilen kann. Ich glaube, dass heute schon sehr viele Menschen bereit sind, nach einem Weg zu suchen, der den Menschen befriedigt und ihn respektiert. Viele spüren, dass ein Leben, das dem Erfolg, dem Geld, der Konkurrenz, der Ausbeutung dient, in Wirklichkeit also ein Leben ist, das die Menschen unglücklich macht.

Brüderlichkeit

Wer seinem Bruder zürnt, wer ihm ein böses Wort gibt, wer ihn schmäht oder verleumdet, hat sich mit dem Bruder auch von Gott getrennt. Die Tatsache, dass ein von mir gekränkter, entehrter Bruder da ist und etwas wider mich hat, stellt sich wider mich und Gott.
So prüfe sich die Gemeinde der Jünger Jesu, ob sie sich hier und dort an Brüdern schuldig wissen muss, ob sie der Welt zuliebe nicht mit hasste, mit verachtete, mit schmähte und so des Mordes am Bruder schuldig ist. So prüfe sich die Gemeinde Jesu heute, ob nicht in dem Augenblick, in dem sie zum Gebet und Gottesdienst vor Gott tritt, viele Stimmen anklagend zwischen sie und Gott treten und ihr Gebet verhindern. So prüfe sich die Gemeinde Jesu, ob sie den von der Welt Geschmähten und Entehrten ein Zeichen gegeben hat von der Liebe Jesu, die Leben erhalten, tragen, schützen will.
Sonst vermöchte das frömmste Gebet, das tapferste Bekenntnis ihr nicht zu helfen, sondern müsste gegen sie zeugen, weil sie die Nachfolge Jesu verlassen hat.
Gott will sich von unserem Bruder nicht trennen lassen. Er will nicht geehrt sein, wenn ein Bruder entehrt wird. Er ist ja der Vater Jesu Christi, der unser Bruder wurde. Darin liegt der letzte Grund, warum Gott sich nicht mehr vom Bruder trennen lassen will.
Sein Sohn wurde entehrt, geschmäht. Aber der Vater läßt sich nicht von seinem Sohn trennen, nun will er sich auch von denen nicht trennen lassen, denen sein Sohn gleich wurde, um deretwillen sein

Sohn Schmach trug. Um der Menschwerdung des Sohnes Gottes willen ist Gottesdienst vom Bruderdienst nicht mehr zu lösen. Wer da sagt, er liebe Gott und hasst doch seinen Bruder, der ist ein Lügner.

Die eigenen Kräfte

Für Gefühle und Stimmungen sind wir nicht verantwortlich. Sie kommen und gehen. Aber für unser Verhalten und unsere Handlungen im Anschluss an Gefühle und Stimmungen tragen wir Verantwortung. Da gibt es keine Ausreden. In der bewussten Wahrnehmung des Spiels der eigenen und fremden Kräfte wächst uns Lebenserfahrung zu, und durch verantwortliche Lenkung unserer Vermögen geben wir unserem Leben Richtung. Dies mag bescheidener erscheinen als den Sinn der Welt aufzuspüren oder das Glück der Vielen zu besorgen. Aber es kommt doch wohl zuerst darauf an, unser Leben vor uns selber zu bestehen, ehe wir darangehen können, das Paradies auf Erden zu schaffen, im

Übrigen eine absurde Idee; denn uns stehen nur begrenzte Mittel zur Verfügung. Wie sollte es möglich sein, mit begrenzten Mitteln etwas unendlich Vollkommenes zu erreichen: die Gleichheit aller, den ewigen Frieden oder das Paradies auf Erden? Bei allen sonstigen Aufgaben, die uns im Laufe eines Lebens aufgegeben sein mögen, bei aller Unsicherheit, die davon herrührt, dass vieles nicht in unserer Hand liegt, scheint vor die Erreichung des Glücks die Übereinstimmung mit uns selbst gesetzt zu sein, das heißt Treue zu den als richtig erkannten Grundsätzen, Ausrichtung auf das Gute und Einheit von Denken und Tun.

Das Leben bejahen

Es war früher bei uns Sitte, dass bei einem Abschied der Ältere den Jüngeren gesegnet hat, Eltern etwa ihre Kinder, Sterbende in ihrer letzten Stunde ihre Familie. Und entsprechend haben wir noch die alte Wendung, es habe einer »das Zeitliche gesegnet«. Das ist ein wunderbares Wort. Was ist damit gemeint?

Wir reden davon, der Regen »segne« die Erde. Oder von einer Frau, sie sei »gesegneten Leibes«. Segen ist eine Kraft, die die Erde fruchtbar macht oder einen Menschen. Segen schafft Wachstum und Gedeihen. Segen bewirkt, dass Frucht entsteht. Und im übertragenen Sinn ist Segnen ein Bejahen und ein Fördern des Lebens. Und so »segnet« der Sterbende sein vergangenes Leben, die Welt und die Menschen, die ihm nahe stehen. Er gibt seine Lebenskraft, seine Liebe weiter an die Lebenden, die er liebt.

Wenn also jemand »das Zeitliche segnet«, dann leuchtet alles noch einmal auf, wird alles noch einmal freundlich gesehen, und alle Kräfte, die vergehenden, werden den Zurückbleibenden zugewandt, zum Abschied und zur Stärkung des Lebens und der Liebeskräfte in der Welt. Nichts wird festgehalten, nichts wird weggeschoben. Es darf alles gelten. Der Sterbende wünscht dem was war, dass es weiterlebe, weitergedeihe.

Segen hinterlässt derjenige, der zu Lebzeiten regelt, was an Zeitlichem noch zu regeln ist. Segen hinterlässt derjenige, der seinen Kindern und Enkeln und allen, die ihm nahe stehen, zuletzt bestätigt, dass er sie bejaht, ihnen ihr Weiterleben gönnt. Das Zeitliche segnen heißt, das eigene Leben in Frieden abschließen, heißt aber noch mehr: Das weitergehende Leben der anderen bejahen, gutheißen, ihnen Glück wünschen.

Alles hat seine Stunde

Man soll Gott in dem finden und lieben, was er uns gerade gibt; wenn es Gott gefällt, uns ein überwältigendes irdisches Glück genießen zu lassen, dann soll man nicht frömmer sein als Gott und dieses Glück durch übermütige Gedanken und Herausforderungen und durch eine wild gewordene religiöse Phantasie, die an dem, was Gott gibt, nie genug haben kann, wurmstichig werden lassen. Gott wird es dem, der ihn in seinem irdischen Glück findet und ihm dankt, schon nicht an Stunden fehlen lassen, in denen er daran erinnert wird, dass das Irdische nur etwas Vorläufiges ist und dass es gut ist, sein Herz an die Ewigkeit zu gewöhnen, und schließlich werden auch die Stunden nicht ausbleiben, in denen wir aufrichtig sagen können: »Ich wollt, dass ich daheime wär' …« Aber das alles hat seine Zeit, und die Hauptsache ist, dass man mit Gott Schritt hält und ihm nicht immer schon einige Schritte vorauseilt, allerdings auch keinen Schritt hinter ihm zurückbleibt. Es ist Übermut, alles auf einmal haben zu wollen, das Glück der Ehe und das Kreuz und das himmlische Jerusalem, in dem nicht Mannn und Frau ist. »Er tut alles fein zu seiner Zeit« (Prediger 3). Alles hat »seine Stunde: weinen und lachen, …. herzen und ferne sein von Herzen, … zerreißen und zunähen … und Gott sucht wieder auf, was vergangen ist«. Dies letzte heißt doch wohl, dass nicht Vergangenes verloren ist, dass Gott mit uns unsere Vergangenheit, die zu uns gehört, aufsucht.

Ein kraftvoller Strom

Der Glaube ist nicht still, weil er nichts zu sagen hat, weil er verstummen muss vor dem Anspruch der Welt. Zwischen Sprachlosigkeit und Ruhe besteht ein großer Unterschied. Und der Glaube ist nicht sprachlos, sondern ruhig; er verfügt über Tiefe, über Fülle, über einen kraftvollen Strom verborgenen Lebens. Ohne dass er als Fontäne in Erscheinungn treten muss, kann er höchst wirksam sein, als Grundwasser gleichsam das ganze Land eines menschlichen Alltags tränken.
Er festigt, was sonst nicht standhalten könnte. Er holt in einen neuen Anfang, was am Ende ist. Er lässt über Fallen hinwegkommen, in die man unweigerlich gestürzt wäre. Sein Name kann Geduld heißen, Gelassenheit, Mut. Und oft trägt er auch gar keinen Namen und ist einfach die Ursache dafür, dass man von einem Menschen sagt: Ich wundere mich, wie der das aushält – in diesen Verhältnissen, immer unbedankt, mit einer solchen Krankheit, dermaßen ausgenützt! Dass er nicht verzweifelt, dass er so tapfer ist, so unverdrossen und heiter! Wo nimmt er bloß die breiten Schultern her, das weite Herz, die innere Aufgeräumtheit? Zöge man diese stillen Wirkungen des Glaubens aus Geschichte und Gesellschaft ab, all das, was er tagtäglich auslöst, die Ansprechbarkeiten, die er schafft, die Schutzzäune, die er zieht, die Opferbereitschaften, die er selbstverständlich macht, zöge man all das ab: Mensch und Welt stünden vor dem Ruin. Es sind die aus der Stille, der lautlosen Nähe Gottes aufbrechenden Kräfte, denen wir die Erträglichkeit unserer Tage verdanken.

Der Zauberschlüssel

Manchmal mag unser Gebet nur ein Seufzer sein. Ein Seufzer über das Rätselhafte an uns, an der Welt, an Gott; ein Seufzer aus dem Nicht-Wissen über die Welt und ein Seufzer aus dem Wissen unserer Liebe zu Gott. Ein Seufzer aus Hilflosigkeit und Glück. Ob Gott unser Gebet *erhört*, und wann Er eingreift, davon hat Christus nichts gesagt, vielmehr eben die Worte vorgesprochen: »Dein Wille geschehe«. Aber dass Gott unser Gebet hört, hat er nicht in Zweifel gezogen. Als der todkranke Philosoph Peter Wust von seinen Schülern um ein Abschiedswort gebeten wurde, reichte er ihnen den Zauberschlüssel, der das letzte Tor zur Weisheit des Lebens erschließt. Dieser Schlüssel war für den Philosophen nicht die Reflexion, sondern das Gebet. »Ein Mensch wächst für mich in dem Maße immer tiefer in den Raum der Humanität (nicht des Humanismus), wie er zu beten imstande ist, wofern nur das rechte Beten gemeint ist. Beten lernen aber kann man am besten im Leiden«. Das war sein Abschiedswort, seine Erfahrung. Wenn man von Schmerzen gemartert wird, würde man dem Arzt, der uns helfen könnte, alles geben, was man besitzt. Was wollen die kranken Könige im Märchen nicht alles demjenigen schenken, der sie gesund machen kann! Ihr ganzes Reich, sogar die eigene Tochter. In unserer Welt kann uns bei einer tödlichen Krankheit niemand helfen. Wir werden auf Gott geworfen. Menschen können uns nicht mehr bergen, nur Er kann es. Was haben wir Ihm zwar nicht zu bieten, aber zu bringen in Demut? Nur Liebe. Liebe zu Ihm und was wir daraus in Liebe zu Seinen Geschöpfen taten. Sonst nichts.

Jeder Tag ist ein Geschenk

Jeder Werktag hat seine Freude. Eine andere Freude als die des Sonn- und Feiertages, gewiss, aber eben doch seine Alltagsfreude, ein bisschen versteckt vielleicht, aber leicht zu finden bei etwas aufmerksamem Suchen unter der Decke der Gewohnheit: Denn Gewohnheit kann zur Routine werden, Glück zur behäbigen Zufriedenheit, friedliches Miteinander zur Langeweile. Wer wüsste das nicht?
Jeder Tag aber ist ein Geschenk aus Gottes Hand und trägt die Möglichkeit in sich, ihn zu nützen und fröhlich darinnen zu sein. Alltag und Sonntag – glücklich genossenes Heute, voll gelebte Stunde, das ist ein reiches und erfülltes Dasein. Das ist die Möglichkeit eines jeden Tages: Jeder Tag setzt sich aus tausend Kleinigkeiten zusammen, die man ebenso gut herkömmlich und obenhin handhaben kann – oder bedachtsam und im Bewusstsein dessen, dass man manchmal nur dieses oder jenes ändern müsste, um alles ein klein wenig freundlicher, heller und menschlicher aussehen zu lassen …
Dass mich Gott ergründet und durchschaut hat, das macht mir Mut. Dass er mein Gegenüber ist, zu dem ich sprechen kann, und das mich hört, das macht mich lebenstüchtig, fröhlich und einsatzfähig. Für meine Seligkeit ist längst gesorgt, und mein Herz ist geborgen bei ihm. Ich habe also die Hände frei für die Welt und ihre tausend Aufgaben. Das ist die Möglichkeit eines jeden Tages. Wie sollten wir sie nicht begreifen! Wäre das nicht der Mühe wert?

Würde und Bedeutung

Die Frage nach dem Menschen ist heute von zwei Seiten her gestellt: als Frage nach dem Schicksal aller Menschen, als Frage nach dem, was der Mensch eigentlich ist und wie er eigentlich sein sollte. Der Mensch hat eine künstliche Welt aufgebaut, die mit ihm und seiner Bewährung steht und fällt, und zugleich versteht er sich selbst weniger als je zuvor. Heute ist noch eine dritte Frage aufgetaucht: die Frage nach der Zukunft.

Bleibe ich als Handelnder im Vordergründigen befangen, oder bin ich offen für die allseitige Verflochtenheit meiner Sache? So begegnet uns in der Sache zum ersten Mal das Unbedingte. Bin ich als Handelnder darin befangen geblieben, dass der andere Kunde, Untergebener, Interessent oder Verfechter meiner Meinung ist, oder bin ich ihm auch als Mensch gerecht geworden, der mehr ist? Keine Kraft oder Erscheinung der Welt kann mehr unbedingte Geltung beanspruchen, kein Volk, kein Raum, keine Idee, kein Plan, keine Organsiation, keine Methode. Alles, was man denken und vorstellen, alles, was man wollen, tun und vertreten kann, ist kleiner als das Ganze und ist darum relativ und bedingt. Das zwingt in allem und jedem zu Distanz und Kritik, nicht zuletzt zur Selbstkritik. Dem steht eine andere Folgerung gegenüber: eben weil alles auf das offene Ganze der Welt bezogen ist und in ihm nicht abmessbare Wirkungen tut, gewinnt wiederum alles, was es gibt, eine unendliche Würde und Bedeutung.

Unsere Worte sind klein

Ich meide das Wort »glauben«. Denn ich habe bei den Stillen zu viel Fundamentalismus und bei den Lauten zu viel Stammtischtheologie mitbekommen: »glauben« heiße nicht wissen!
Aber genau das heißt es eben nicht!
Die Wurzel des biblischen Wortes für »glauben« kommt von »sich etwas lieb machen, sich mit etwas vertraut machen«. Sich mit dem Schöpfergott vertraut zu machen, ist also eine Arbeit.
Und die kann am Anfang so aussehen: Suchen Sie eine Situation in Ihrem Leben auf, in der Sie als Person winzig waren und das Gegenüber allmächtig.
Das kann am Meer gewesen sein. Das kann im Gebirge, in der Wüs-

te, in der Stille gewesen sein. Das kann ein Blick in den nächtlichen Sternenhimmel gewesen sein.
Der nächste Schritt zu Gott: Suchen Sie das Gefühl auf, das Sie dabei hatten. Nur Ihr Gefühl interessiert mich. Nicht Ihr Wissen. Also, was war das für eine Begegnung? Hier Sie und da das Gegenüber!? Was für ein Gegenüber! Warum haben Sie diese Situation nicht vergessen? Waren Sie damals stumm? Wenn ja, warum?
Stimmt's: Jeder Versuch, das Gespürte in Worte zu fassen, scheitert. Denn es sind Ihre Worte, Menschenworte! Zu klein! Wenn aber doch Worte, weil das erste Verstummen zu Ende geht, dann doch nur ein Wort, was mich so abhängig wie möglich zeigt und das Gegenüber mächtig und meine Ergriffenheit nicht leugnet. Dann nur: »Vater! Vater meines Lebens. Hier bin ich!«
Später dann können wir bei Jesus lernen, sich dem Ewigen mit weiteren Schritten zu nähern, auf Knien, demütig, wie ein Kind: »Papa, mein Papa, Vater des Universums! Pause. Heilig, dein Name! Pause. Und warten, wie der Fuchs den kleinen Prinzen bei Antoine de Saint-Exupéry das Warten lehrt. Dann: Dein Reich komme! Dein Wille regiert. Du Brotgeber, du Schuldvergeber, du, der du uns nicht in Versuchung führst! Ich nähere mich dir wie Moses dem Dornbusch. Ich bin auf dem Weg zu dir! Amen!«

Nicht mehr allein

Die Kirche ist eine Gemeinschaft von merkwürdigen Heiligen. Es sind zwar nicht nur Alte und Schwache da, aber sie sind in der Überzahl. Und ich treffe dort mehr Gestörte als in anderen Gruppen. Vielleicht muss man eine Anzahl Niederlagen hinter sich haben, um mit dieser Kirche wirklich etwas anfangen zu können.

Die Kirche ist der Ort, an dem Menschen miteinander beten und singen und ihren Glauben teilen. Man ist nicht mehr allein und darum nicht mehr ganz klein. Man liest den Geschwistern den Glauben und die Lebenszuversicht von den Lippen. Die Kirche ist der Ort, an dem durchschnittliche Leute überdurchschnittliche Ideen haben. Ich war mal in einer Gemeinde zu Besuch, die innerhalb kurzer Zeit 5000 Euro für ein Medizinprojekt in Bolivien gesammelt hat. Keiner der Spender war je da, keiner kennt einen Namen von dort. Und doch hat diese Gemeinde sich fremde Menschen zu Geschwistern gemacht. Welche großartige Moral, fremde Sorgen zu den eigenen zu machen!

Die Kirche ist der Ort, an dem die Geschichten von der Bergung des Lebens erzählt werden: Die Gefangenen sollen frei werden, die Tyrannen gestürzt, die Armen in ihr Recht eingesetzt, und die Toten sollen leben. Gerechtigeit ist dort Programm, manchmal nicht mehr, aber wenigstens das. Denn so viele Gruppen, in denen das Recht Programm ist, gibt es nicht mehr.

Die Kirche ist der Ort, an dem durchschnittliche Menschen gegen den eigenen Augenschein glauben, dass der Geist sie einmal reinigen wird;

dass sie befreit werden von allen Götzen, aus allen Niederlagen und dass sie dann ihren Gott finden und er sie zu seinem Volk macht. Die Kirche ist eine Gruppe von Menschen, die nicht fatalistisch in sich selbst versinken, sondern die glauben, dass sie einmal Gemeinschaft der Heiligen sein werden. Die real existierende erwartet die geglaubte Kirche.

Ins Paradies

Die Legende erzählt von dem Iren, der unversehens starb und nun vor den himmlischen Richterstuhl treten musste. Nicht wenig beklommen, denn die Bilanz seines Lebens erwies sich als ziemlich dürftig. Vor ihm eine lange Reihe, er wartete und hörte genau zu. Zum Ersten in der Reihe sprach Christus, nachdem er die große Liste durchgesehen hatte: »Ich finde hier: als ich Hunger hatte, gabst du mir zu essen. Gut so! Geh ins Paradies!« Zum Zweiten: »Ich hatte Durst und du gabst mir zu trinken.« Zum Dritten: »Ich war im Gefängnis und du hast mich besucht.«

Und so weiter. Bei jedem, der ins Paradies geschickt wurde, prüfte sich der Ire und bekam es mit der Furcht: Er hatte weder zu essen noch zu trinken gegeben, er hatte weder Gefangene noch Kranke besucht. Jetzt kam er an die Reihe, voller Furcht schaute er auf Christus, der die Liste durchsah. Aber Christus erhob die Augen und sagte zu ihm:

»Viel steht da nicht geschrieben. Aber etwas hast du auch gemacht: Ich war traurig, mutlos, niedergeschlagen, und du bist gekommen, hast mir lustige Sachen erzählt, mich zum Lachen gebracht und mir wieder Mut gemacht: Paradies!«

Hoffnung als Lebenselixier

Der Mensch kann eine Zeit lang leben, ohne zu essen und zu trinken. Wir erfahren aus der Zeitung immer wieder, dass es solche Leute gibt. Aber kein Mensch kann ohne Hoffnung leben. Das Sprichwort sagt: »Hoffnung verloren – alles verloren.« In seinem berühmten Buch »Menschsein als Auftrag« berichtet Arthur Jores von einem Soldaten in russischer Gefangenschaft, der eines Tages völlig zusammengebrochen auf einer Bank saß. Auf die Frage, was ihm fehle, zeigte er einen Brief seiner Frau. Darin stand, dass sie inzwischen einen anderen Mann kenngelernt habe; sie wolle sich von ihm scheiden lassen, wenn er heimkehre. 48 Stunden später war dieser Mann tot. Er hatte sich nichts angetan. Die Hoffnungslosigkeit hatte ihn umgebracht.

Hoffung ist wie eine zarte Pflanze, die langsam wächst. Man fängt an zu hoffen, wenn man glaubt, dass irgendjemand einen noch braucht. Liebe schafft Hoffnung und Hoffnung schafft Liebe, macht sie erst möglich. Bleibt noch eine Frage: Was ist, wenn ein Mensch menschliche Liebe gänzlich entbehren muss, wenn er niemanden hat, der sich um ihn kümmert bzw. um den er sich kümmern kann, wenn er »am Ende« ist, seelisch ausblutet? Dann bleibt ihm immer noch der eine große Freund: Gott. »Gott ist einer, der führt«, sagt Martin Buber. Bei ihm gibt es keine »hoffnungslosen« Fälle.

Ein Geschenk Gottes

Lasst Gott Gott sein – diese Formel schätze ich sehr, denn sie sagt wirklich, worum es im Gebet geht: Beten heißt, in unserem Leben verwirklichen, dass es Gott gibt.
Wenn wir beten, erkennen wir an, dass Gott der Herr ist und wir von ihm abhängig sind. Wer sind wir denn auch? Was stellt schon das menschliche Leben im Universum dar? Warum angesichts Milliarden von Sternen und zahlloser Milchstraßen dieser Lebenshauch, der den Menschen mit Bewusstsein erfüllt, der Geschöpfe entstehen lässt, die abhängig von Gott, aber nach seinem Bild erschaffen sind?
Das Gebet ist in erster Linie ein Geschenk Gottes an uns, denn er kennt uns, bervor wir ihn erkennen. Zuerst kommt er, dann wir.

Doch immer stehen wir in der Versuchung, Gott nicht Gott sein zu lassen, sondern uns an seine Stelle zu setzen. Wir können uns Gott verweigern, aber auch bewirken, dass er Gott ist. In einer französischen, ökumenischen Bibelübersetzung ist die Vater-unser-Bitte »Geheiligt werde dein Name« mit »Du mögest als Gott anerkannt werden« übersetzt. Das ist keine wörtliche Übersetzung, sie gibt aber gut den genauen Sinn dieser Bitte wieder. Als Christen beten wir doch, dass der Vater Vater sein soll, indem wir ihn mit dem zärtlich-vertrauten Ausdruck anrufen, den Jesus selbst verwendet hat: »Abba, Vater!«
Wir wissen nicht, wie Jesus gebetet hat, aber an zwei Stellen leuchtet etwas davon auf: »Ich preise dich, Vater« – es ist, wie auch aus dem Kontext hervorgeht (Lk. 10,21), ein Freudenruf im Heiligen Geist –, »Vater, ich danke dir, dass du mich erhört hast« (Joh. 11,41) oder: »Ich preise dich, dass du dies den Kleinen offenbart hast und nicht den Klugen und Weisen.« Das nächtliche Beten Jesu war sicher ein Gebet zum Vater. Und im Augenblick der Todesangst hören wir sein Echo »Nicht mein, sondern dein Wille!«

Sorgloser und freier

Die Sorgen des Alltags bestehen noch weiter, wenn unser Blick sich auf Gott richtet und sein Reich. Die Hindernisse liegen noch immer auf unserem Weg, und auch die offenen Fragen bleiben ungelöst, wenn wir den ersten Schritt auf Gott zu machen: Doch verlieren die Sorgen ihre Übermacht, die Hindernisse schrecken uns nicht, die Fragen enden nicht in Verzweiflung, und die Probleme nehmen uns nicht den Atem, wenn wir zu Gott aufschauen.

Christliche Sorglosigkeit ist kein blinder Leichtsinn auf höherer Ebene. Sie lebt aus dem Vertrauen auf einen Gott, der auch die alltäglichen Bedürfnisse unseres menschlichen Lebens wichtig nimmt: der die Vögel ernährt, die weder säen noch ernten, die weder Speicher noch Scheunen besitzen; der das Gras wachsen lässt, das heute steht und morgen ins Feuer geworfen wird. Christliche Sorglosigkeit rechnet mit diesem Gott, denn wieviel mehr wert als Pflanze und Tier sind wir, seine Ebenbilder auf Erden.

Aus dem Vertrauen auf die Treue Gottes entspringt eine Sorglosigkeit, die frei macht zur Sorge an den Brüdern und Schwestern, sie befreit zum Dienst. Das Maß der Freiheit entspricht dem Maß des Vertrauens. Je weniger wir uns loslassen, je mehr Sorge wir auf unser eigenes Ich verwenden – desto mehr verkrampft sich unser Herz: Je gebundener wir an Gott sind, desto freier dürfen wir den Anderen dienen.

Das Ende der Furcht

Der Furchtsame sieht immer Gespenster. Um ihn zu heilen, muss man ihm eine Reihe von Erfahrungstatsachen einprägen. Erstens brechen sehr viele mit Zittern erwartete Ereignisse nie über uns herein. Zweitens pflegen alle Schicksalsschläge, wenn sie wirklich eintreten, anders auszusehen als vorher unter dem Vergrößerungsglas der Furcht. Drittens ist jede innere Vorwegnahme kommender Leiden eine Verzehnfachung der Leiden. Ein furchtzerfressner Mensch wird diese Einsichten zwar zugeben, aber nicht assimilieren. Auch Beispiele können nur schwer die Kruste der Sorgen durchstoßen. Eine wirkliche Heilung vor der Furcht ist nur möglich durch die Einsicht in die tieferen Zusammen-

hänge der Welt. Denn offenbar hängt der Mut eines Menschen weit gehend davon ab, wie er die einzelnen Güter der Welt bewertet. Je mehr der Mensch an den Gütern hängt, welche leicht verloren gehen können – also an Wohlstand, Ansehen, Laufbahn, ja womöglich am Urteil jedes Mitmenschen und schließlich am Leben selbst – desto furchtsamer wird er sein. Wer dagegen den Tod nicht fürchtet: Was soll er fürchten? Je mehr ein Mensch seelisch »autark« ist, je mehr er in sich selber ruht, desto mutiger kann er gegenüber den Gefahren dieser Welt sein. Dieser Mut, der die Gefahr klar sieht, aber verachtet, ist etwas ganz anderes als die angeborene Herzhaftigkeit des »Mannes ohne Nerven« und auch als die mühsam erkämpfte »Haltung«, die vielleicht das Zittern der Hände, aber nicht das schnellere Klopfen des Herzens zu vermeiden weiß. Dieser gleichsam philosophische Mut hängt ab von der Werthierarchie jedes Einzelnen, von der Rangordnung der Werte in seinem Innern.

Helfen und Teilen

Die Kirche ist Haushalter über Gottes Geheimnisse, aber auch über das Geld. Ich traue ihr zu, dass sie haushaltet mit dem, was ihr anvertraut ist. Offene Rechenschaft gibt sie von ihrem Haushalt. Ich stelle mir vor, der Fluss des kirchlichen Geldes würde versiegen. Von Überfluss kann ohnedies nicht die Rede sein.

Die Kirche würde nicht sterben, sie lebt nicht vom Geld. Aber vielleicht müssten andere leiden und sterben an Leib, Seele und Geist. Mein Glaube, meine Liebe und Hoffnung wollen gewechselt werden in große und kleine Münzen, damit andere besser glauben, lieben und hoffen können. Ob viel oder wenig – es soll von Herzen kommen.

»Einen fröhlichen Geber hat Gott lieb.« Die Vor-Gaben Gottes lassen mich geben. Dankopfer, Lobopfer darf ich bringen. Mich selbst müsste ich darbringen.

Es geht um »Sein«, nicht um »Haben«. Ich sehe, dass ich Gott wertvoll bin. Nicht mit Gold oder Silber bin ich erkauft, sondern mit seinem Blut. Kein Opfer hat er gescheut für mich. Das soll mir ein Opfer wert sein.

Ich möchte lernen, dankbar zu teilen, damit Reiche nicht immer reicher und Arme nicht immer ärmer werden. Mein Arm zu helfen ist zu kurz, mit Geld kann ich ihn verlängern. Ich knüpfe mit an dem sozialdiakonischen Netz der Liebe, das auffängt, hält und trägt. Was ich spende, kann Nöte wenden. Dankbar möchte ich anderen helfen, die wenig, nichts, noch nichts, nichts mehr zu danken haben. Sie sollen

dankbar werden, sein und bleiben. Ich sehe zum Himmel. Er ist nicht käuflich. Das letzte Hemd hat keine Taschen, auch nicht für Spendenquittungen. Christus höre ich sprechen: »Was ihr getan habt einem unter meinen geringsten Brüdern, das habt ihr mir getan.«

Zeit der Reife

Vor meinem dreißigsten Lebensjahr dachte ich mit Angst und Trauer an das Älterwerden. Ich nahm wehmutsvollen Abschied von der Jugend, die ich damals für das Lebenswerteste und Schönste in der Welt hielt. Da zeigte mir ein Freund eine verwitterte, breit sich ausladende Eiche mit einem schweren, gekrümmten Stamm und fragte mich, ob ich diesen Baum hässlicher fände als einen jungen Nachbarstamm, dessen Äste sich noch wenig entfaltet hatten und der noch nicht gezeichnet war von Wucht und Reife des Alters. Und ich verstand. Ich hatte Angst gehabt vor dem Leben, in dem nicht mehr Charme und Temperament der Jugend ausschlaggebend sind, in dem man nicht mehr nur spielend und erwartungsvoll, mit Hoffnungen und Wünschen erfüllt, in die

Zukunft hineinträumt, sondern Kampf, Leiden und Arbeit unsere Züge prägen. Ich erkannte, dass es jenseits der Jugend darauf ankommt, sich den Aufgaben und Stürmen des Lebens zu stellen, die eigenen Kräfte zu erproben und die persönliche Lebensform zu finden. Das Reifwerden ist ein langsamer Prozess, und der Mensch sollte auf seinem Lebensweg keine Stufe der Entwicklung auslassen. Sonst bleibt ein Rest unerfüllten Lebens zurück, etwas, das versäumt wurde oder verloren ging. Denn das nicht in rechter Weise Eingesetzte, Entfaltete und Verwirklichte entwickelt sich zurück. Wer in der Jugend seine Impulse und Kräfte eingesetzt hat, wer seine Gefühle entfaltete, Erfahrungen sammelte und sich um Erkenntnisse bemühte, wer seine Willenskräfte durch Belastungsproben erhärtet hat, wer mit Hoffnung die Zukunft anpackte und seine natürlichen wie geistigen Grenzen ausdehnte, der wird zur Reife und Besinnlichkeit des Alters finden. Das Altwerden ist ein Prozess der Wandlung. Es fällt nicht so schwer, wenn man seine Jugend und die Zeit der Reife bewusst gelebt hat, sich unvergängliche Güter bewahrt, unnötigen Ballast aber rechtzeitig abgeworfen hat.

Die Frucht des Lebens

»Wer wagt, der gewinnt.« Aus dieser Volksweisheit spricht die Erkenntnis: Wer sich von allem fern hält und sich nirgends beteiligen will, wer nichts einbringt und sich auf nichts einlässt, wer sich hängen lässt und schont, wer keinen Mut aufbringt, nichts unternimmt und nichts einsetzt, weder Materielles oder körperliche oder psychische Kraft noch geistiges Können oder geistlichen Besitz – Glauben an Gott –, dem wird sich nichts Neues auftun, der bleibt stehen. Wer dagegen mit Ideen und mit schöpferischer Kraft, mit Energie und Durchhaltevermögen sich einbringt, mit Elan zupackt und mit Mut, ja mit Glauben am Gelingen alles unternimmt und dazu noch Segen und Hoffnung auf Erfüllung erbittet, dem tut sich die Fülle des Lebens auf, und er bringt eine hundertfache Ernte. Nur ausgestreuter Same wächst in der Erde heran. Saatgut in Säcken oder Silos keimt nicht und geht nicht auf. Nur wer es aus der Hand gibt, wird ernten können. Was aber immer bleibt, ist Ungewissheit zwischen Aussaat und Wachsen, Reifen und Ernte.

Dennoch gibt der Landwirt voll Vertrauen seine Saat aus der Hand, wenn auch immer wieder fragende und hoffende Blicke über die Felder gehen. Was wird geschehen? Gibt es genügend Regen und Wärme? Oder werden Trockenheit und Dürre das Wachstum kümmerlich ausfallen lassen? Das ist ein Gleichnis Jesu für unser Leben. Gott hat jedem Menschen die Impulse zum Wachsen, Entwickeln und Reifen einerschaffen. Viele sind verborgen, noch nicht aufgebrochen und nicht

sichtbar. Dennoch sind wir mit allen Strebungen darauf angelegt, eine gelungene Ernte als Frucht des Lebens einzubringen. Und wir bringen Frucht, wenn wir die ureigene Lebensaufgabe erfüllen. Wir bringen Frucht, wenn auch andere etwas von unserem Leben haben. Denn Frucht ist dazu da, dass sie das Leben der anderen nährt und stärkt, dass sie ihnen Freude und Bereicherung schenkt. Nur wer sich gibt und verschenkt, wird empfangen.

Liebe in Wort und Tat

Was Erlösung heißt, ist aus Jesu Botschaft zu vernehmen und an seinem Weg abzulesen. Jesus verkündigt unter den Bildern vom »Vater« und vom »Reich« die heilsame Nähe Gottes – und bedeutet nicht eben dies schon »Erlösung«? In den biblischen Weissagungen wird der verheißene Erlöser »Immanuel« genannt, das heißt, der »Gott mit uns«: dass Gott ein Gott sein will, der mit den Menschen ist, und der Mensch darum einer, der mit Gott sein darf.

Gott kommt nicht mit einem goldenen Zauberschlüssel und schließt das Gefängnis, in dem die Menschen sitzen, auf, wie man Affen aus einem Käfig lässt. Das Reich Gottes ist weder ein Märchenschloss noch ein Freigehege. Aber

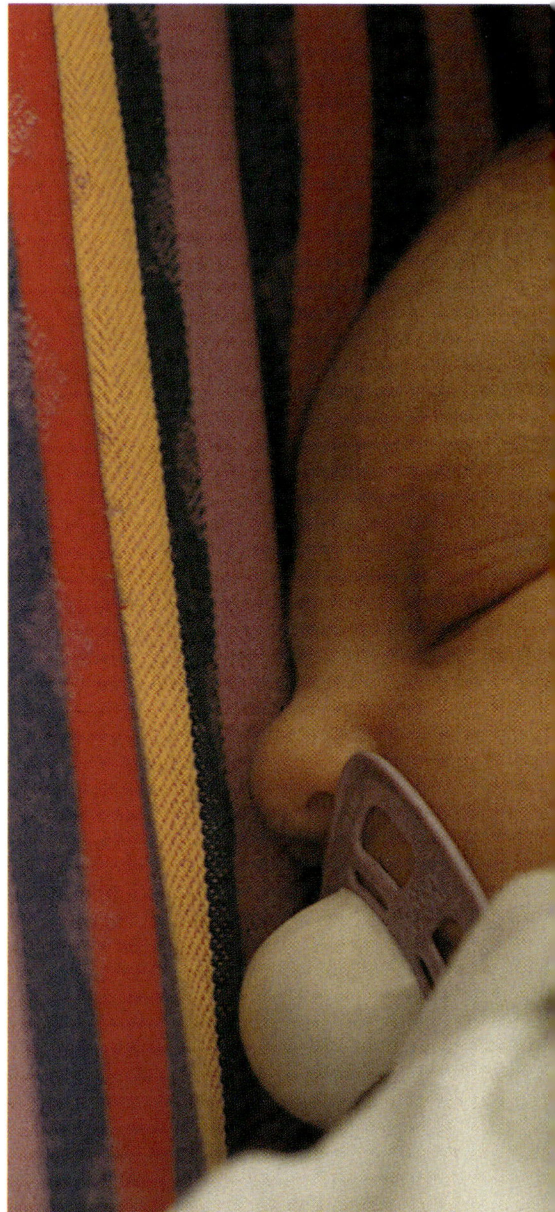

Gott kommt zu den Menschen in ihre verschiedenen Gefängnisse und bleibt bei ihnen und hält mit ihnen aus. Und damit löst sich ihre Gefangenschaft, und sie werden frei.
Gottes Kommen in die Welt spiegelt sich in Jesu Wegen zu den Menschen wider. Jesus beschreitet nicht wie andere Heilsbringer den Höhenweg der olympischen Götter und ihrer Heroen; er wählt auch nicht wie politische Retter und Revolutionäre den Weg der Macht und Gewalt; sein Mittel ist einzig die Liebe in Wort und Tat, und darum führt sein Weg nach unten in die Tiefe. Wie könnte es auch anders sein, wenn wirklich Erlösung auf Erden geschehen soll? Denn die zu erlösen sind, sitzen stets unten in der Tiefe.

Im Augenblick leben

Wir brauchen freie Zeit: eine Zeit, in der wir frei werden können von aller Arbeitslast und den vielen Terminen. Freie Zeit, viel Zeit – das ist die Sehnsucht jedes Menschen. Nichts tun, einfach da sein, auf den Augenblick eingehen, frei atmen. Wir spüren die große Atemnot unserer Gesellschaft, verursacht durch Dinge, die uns durch den Alltag hetzen.

Wir spüren, dass die Zwänge und Leistungen, die uns abverlangt werden, keine Befriedigung bringen. In unserer Sehnsucht nach Ferien spüren wir, dass unsere Hetze, unser Aktivismus, unser Produktionseifer uns nicht zu uns selbst bringen können. Wir sind als Menschen auf Zeiten der Ruhe, der Stille, der Nichtaktivität, auf Freiräume des bloßen Daseins, des Nicht-funktionieren-müssens angewiesen. Ohne Besinnung können wir nicht leben. Nicht das, was ich mache und leiste, kann mir wirklich Erfüllung bringen. Unser aller Wunsch ist es, dass unser Leben gelinge. Das Gelingen aber hängt nicht vom Aktivismus ab, sondern von der Fähigkeit, auf den Augenblick einzugehen, sich auf andere einzustimmen und sich ihnen zu öffnen.

Es ist nicht einfach, das Leben zu bestehen und im Leben weiterzukommen. Es ist nicht einfach, sein Gleichgewicht zu behalten in einem Leben, das dem Tanz auf hohem Seil gleicht. Wir versuchen alles zu tun, was uns Sicherheit gibt, wir turnen und verrenken uns, um für unsere Sicherheit Netze zu knüpfen. Der Mensch, der sich offen hält für Besinnung und Stille, ist dabei zu erfahren, dass er nicht mehr selber das

Netz für seine Sicherheit knüpfen muss; er ist dabei zu begreifen, dass das Netz unter den Abgründen schon längst gespannt ist. Wer weiß, dass unter seinem Seil schon immer ein Netz gespannt ist, dass er nicht selber sein Netz spannen muss, der wird frei für den Tanz auf dem Seil, der muss nicht ängstlich um sein Gleichgewicht bangen. Er kann im Augenblick leben, kann im Jetzt ganz und gar da sein.

Zur rechten Zeit

Dass es zahllose Sünden und Verfehlungen durch das Reden gibt, bedarf keiner Erörterung. Dass es in der viel zu lauten, übergeschwätzigen, in Wortgerausch ertrinkenden Zeit ein Zuviel an Schweigen geben kann, das uns ebenfalls in Schuld und Sünde verstrickt, steht weit weniger in unserem Bewusstsein.

Zu viel Schweigen? Sagen wir lieber: Schweigen am unrechten Ort, zur unrechten Zeit. Das falsche, das gefährliche Schweigen ist immer eine Verweigerung, entspringt der Furcht, dem Geiz, dem Mangel an Liebe. Was wird verweigert?

Frage, Mitteilung, Lob, Trost, Aufklärung, Schuldbekenntnis, Eingeständnis der Schuld, Verzeihung, Bekenntnis: immer wieder das lösende, tröstende, heilende, helfende, erhellende, ja das rettende Wort!

Denn das Wort ist nun einmal eine der stärksten Mächte zur Lebenshilfe; vieles Notwendige kann nicht ohne das Wort gewirkt werden: Missbrauch ist schlimm, Verweigerung kann ebenso schlimm sein. Da ist die Frage: das schlichte Werkzeug des Mitgefühls, der Teilnahme, des Interesses.

Die simple Alltagsfrage: Wie geht es Ihnen? Was ist denn heute mit dir los? Haben Sie etwas? Die teilnehmende Frage verrät Aufmerksamkeit und Offenheit: Der andere wird überhaupt einmal zur Kenntnis genommen. Seine Einsamkeit, sein Befinden, seine betrübte oder sorgenvolle Miene ist dem Beobachtenden nicht gleichgültig: Der Befragte ist nicht »niemand« für ihn. Und schon dies ist ein Geschenk, das gegeben oder

verweigert werden kann. »Er sah ihn und ging vorüber«, Trägheit unseres Herzens, Armut der Herzen. »Öffne, o Herr, einen Mund« – zur rechten Zeit!

Mit Geist und Herz

Wissenschaft und Technik haben dem Menschen in der Welt große Dienste erwiesen. Sie haben ihn aus manchen Beschränkungen früherer Zeiten herausgeführt, ihn von vielen Fesseln frei gemacht. Aber die Wissenschaft ist nicht allwissend, auch wenn sie sehr viel von den Prozessen weiß, die sich innerhalb der sichtbaren Welt abspielen. Gelehrte aller Disziplinen sind in langen Prozessionen durch die Jahrhunderte gezogen und haben einander widersprochen.
In unseren Tagen wird sich die Wissenschaft ihrer Grenzen mehr und mehr bewusst. Es stellt sich immer deutlicher heraus, dass sie nicht in der Lage ist, ein zutreffendes Bild von der ganzen Wirklichkeit zu geben. Die Wirklichkeit

von Mensch und Welt erscheint unendlich viel komplizierter und geheimnisvoller, als die wissenschaftlichen Theorien bisher angenommen haben. Und dabei sind die Ergebnisse der Wissenschaft so umfangreich und so vielfältig auf unvorstellbar vielen Gebieten, dass kein menschliches Gehirn mehr imstande ist, alles aufzunehmen und zu erfassen. Die Wissenschaft gibt nicht die Antwort, die wir auf unsere Frage suchen.

Solange wir nur mit dem Verstand auf Gott, unsere große Lebensfrage zugehen, bleiben wir an der Außenseite und können Gott nicht erkennen. Jede Begriffsbestimmung Gottes ist dann zum Scheitern verurteilt. Wir müssen mit Geist und Herz, mit unserem ganzen Menschsein zu Gott. Mit einem freien, offenen Herzen müssen wir in Gott hineingehen und zu einer persönlichen Beziehung kommen. Es geht nicht um vieles Wissen, es geht um Einsicht. Nicht um die Einsicht, die man durch vieles Studieren bekommt, sondern um jene Einsicht, die langsam wächst, wenn wir uns, hingerissen vom Wunder des Lebens, in Vertrauen, Einfachheit und Liebe unbekannten Kräften überlassen. Es geht um eine tiefere Erfahrung einer intensiven Liebe, die aus der Schöpfung auf uns zukommt.

Vertrauen wagen

Vertrauen muss man wagen. Man muss riskieren, dass es vielleicht enttäuscht wird – und wirklich weh-tun, wirklich enttäuschen kann mich nur jemand, den ich lieb ha-be, von dem ich also Liebe erwarte. Aber je mehr man wagt, desto we-niger kann das Gegenüber so viel offene Zuwendung, so viel unge-schützte Verwundbarkeit wirklich verwunden. Aber vielleicht haben wir alle von Gott längst das gelernt, bewusst oder unbewusst und ahmen ihn darin nach: großes Vertrauen mit großer, mit größerer Liebe zu er-widern?

Mir hat es nicht selten den Mut und den Rücken gestärkt, dass die-ser oder jener ein Vorbild war an Tapferkeit im Durchhalten, wie es – weit mehr als jeder von uns –

Jesus von Nazareth gewesen ist. Menschlicher Trost und menschliche Hilfe: sie haben eine Grenze, über die sie nicht hinausgelangen, auch bei aller Liebe nicht. Wir haben das alle irgendwann einmal erlebt, dass wir für einen geliebten Menschen alles zu tun bereit waren, wenn wir ihn nur aus seiner Verzweiflung hätten reißen können, seine Schmerzen lindern, seine Angst ein wenig mildern – und wir konnten es nicht. Unsre Hilfe, unsre Worte reichen nicht aus.
Irgendwann in meinem Leben wagte ich das volle Vertrauen zu Gott – und hatte Angst, nackte und peinigende Angst, dass er mich enttäuschen würde, dass er mich nicht annähme, nicht führen würde. Es war ein waghalsiges Vertrauen, und mein ganzes Leben hing davon ab. Doch dieses Vertrauen wurde nicht enttäuscht. Seither wage ich's auch unter Menschen, ihnen einfach zu vertrauen, voll und ganz und großzügig.

Quellennachweis

»*Worauf wir hoffen*« entnommen aus: Heinrich Fries, Aus ganzem Herzen hoffen, © Verlag Herder, Freiburg 1981

»*Eine Frage des Glaubens*« (Erich Fromm) entnommen aus: Rainer Funk (Hg.), Worte wie Wege, S. 23–25, Verlag Herder Freiburg 1993, Abdruck mit Genehmigung der Liepman AG, Zürich

»*Brüderlichkeit*« entnommen aus: Dietrich Bonhoeffer, Nachfolge, © Chr. Kaiser/Gütersloher Verlagshaus GmbH, Gütersloh

»*Die eigenen Kräfte*« entnommen aus: Venanz Schubert (Hg.), Aus dem Ursprung leben, EOS Verlag, Erzabtei St. Ottilien

»*Das Leben bejahen*« entnommen aus: Jörg Zink, Wie die schöne Lau das Lachen lernte und was beim Älterwerden sonst noch zu gewinnen ist, Kreuz Verlag, Stuttgart 1984, S. 133 f.

»*Alles hat seine Stunde*« entnommen aus: Dietrich Bonhoeffer, Widerstand und Ergebung, © Chr. Kaiser/Gütersloher Verlagshaus GmbH, Gütersloh

»*Ein kraftvoller Strom*« entnommen aus: Christoph Keller, Worauf wir bauen können, Schwabenverlag, Ostfildern, Rechte beim Autor

»*Der Zauberschlüssel*« entnommen aus: Liliane Giudice, Die Kraft der Schwachen, Kreuz Verlag, Stuttgart 1979, S. 31 f. (Auszüge)

»*Jeder Tag ist ein Geschenk*« entnommen aus: Hannelore Frank, Zuversicht, Kreuz Verlag, Stuttgart

»*Würde und Bedeutung*« entnommen aus: Dietrich von Oppen, Der sachliche Mensch, Rechte beim Autor

»*Unsere Worte sind klein*« entnommen aus: Jürgen Fliege, chrismon special, Ostern 2002

»*Nicht mehr allein*« entnommen aus: Fulbert Steffensky, chrismon special, Ostern 2002

»*Ins Paradies*« entnommen aus: Papst Johannes Paul I., U. Schütz (Hg.), Worte der Freude von Johannes Paul I., © Verlag Herder, Freiburg 5. Auflage 1991

»*Hoffnung als Lebenselixier*« entnommen aus: Reinhard Abeln, Was uns im Leben trägt, Rechte beim Autor

»*Ein Geschenk Gottes*« entnommen aus: Yves Congar, Im Geist und im Feuer – Glaubensperspektiven, © Verlag Herder, Freiburg 1987

»*Sorgloser und freier*« entnommen aus: Georg Moser, Mut zur Liebe, © Verlag Herder, Freiburg, 2. Auflage 1989

»*Das Ende der Furcht*« entnommen aus: Ludwig Reiners, Sorgenfibel, Beck'sche Reihe Nr. 354, Verlag C.H. Beck, München

»*Helfen und Teilen*« entnommen aus: Theodor Glaser, Vom Himmel auf Erden – Fromme Bilder für das Leben, © Rosenheimer Verlagshaus, Rosenheim

»*Zeit der Reife*« entnommen aus: Ursula von Mangoldt, Das Glück der Gelassenheit. Lebenserfahrungen, © Verlag Herder, Freiburg 4. Auflage 1987

»*Die Frucht des Lebens*« entnommen aus: Dr. Hermann Gilhaus SVD, Schenk mir ein hörendes Herz, Kyrios-Verlag 1987; mit freundlicher Genehmigung Provinzialrat SVD, 66606 St. Wendel

»*Liebe in Wort und Tat*« entnommen aus: Heinz Zahrnt, Leben – als ob es Gott gibt, © Piper Verlag GmbH, München 1992

»*Im Augenblick leben*« entnommen aus: Xaver Pfister, Der vergessene dritte Klang, © Christophorus Verlag, Freiburg 1988

»*Zur rechten Zeit*« entnommen aus: Ida Friederike Görres, Der karierte Christ, Josef Knecht Verlag, Frankfurt

»*Mit Geist und Herz*« entnommen aus: Phil Bosmans, Vergiss die Liebe nicht: Leben mit dem unglaublichen Gott, © Verlag Herder, Freiburg 9. Gesamtauflage 1998

»*Vertrauen wagen*« entnommen aus: Hannelore Frank, Zuversicht, Kreuz Verlag, Stuttgart

Wir danken den genannten Personen und Verlagen für die Genehmigungen zum Abdruck der Texte.

Die Texte wurden mit freundlicher Genehmigung den angegebenen Quellen entnommen,
die Überschriften wurden vom Verlag gewählt.

Fotografie: Rolf Blesch, Utting: 11
Wolfgang Ehn, Mittenwald: 41
Klaus G. Förg, Rosenheim: 4/5, 8, 16/17, 24, 38, 44, 47, 52/53, 64/65, 70/71
Andreas Gassner, Braz: 32/33, 58/59, 72
Joachim Heller, Wettstetten: 20/21, 54/55
Thomas Jungmann, Landsberg: Titel, 2, 42/43
Gerhard Meier, Gollenshausen: 6/7, 67
Bernd Römmelt, München 23, 28, 36/37
Roland Schick, Innsbruck: 1, 12, 27, 31, 48/49, 60/61, 68/69, 76
Ernst Wrba, Sulzbach:14/15, 74/75

Seitenlayout und Satz: Buch-Werkstatt GmbH, Bad Aibling
Druck und Bindung: Druckerei Ernst Uhl, Radolfzell am Bodensee
Printed in Germany

ISBN 3-475-53325-1